Raphaël Ngambelo

Revue L'ombre de la sagesse

Raphaël Ngambelo

Revue L'ombre de la sagesse

Revue pour tous

Éditions Vie

Cover image: www.ingimage.com

Publisher:
Éditions Vie
is a trademark of
Dodo Books Indian Ocean Ltd. and OmniScriptum S.R.L publishing group

120 High Road, East Finchley, London, N2 9ED, United Kingdom
Str. Armeneasca 28/1, office 1, Chisinau MD-2012, Republic of Moldova, Europe
Printed at: see last page
ISBN: 978-613-9-59221-0

UNIVERSITÉ CATHOLIQUE
DU GRAND BANDUNDU
DÉPARTEMENT DE PHILOSOPHIE
CAMPUS DE KALONDA

RAPHAËL NGAMBELO

Directeur de la revue

REVUE
L'OMBRE DE LA SAGESSE

Appel à la candidature des rédacteurs et des membres du comité

0900769385
0829545928

ÉDITORIAL.

Au regard de ce qui se passe actuellement en Afrique en général et la RDC en particulier, dans la vie politique, économique, sociale, éducative, etc., ne pas penser à tous ces maux serait parfois une faible cognitive. C'est pourquoi le but de cette fameuse revue se veut une réflexion sur le quotidien de nos jours.

La jeunesse qui a été longtemps restée sur le lit peut aujourd'hui se réveiller tout en ayant cette totale conscience, par ailleurs, l'ouverture de la jeunesse et son apport scientifique deviennent aujourd'hui une merveilleuse chose, laquelle était jadis ignorée.

En effet, notre revue est intitulée l'ombre de la sagesse suite à une allusion du cercle de Vienne où les intellectuels se réunissaient pour partager la science et nous avons postulé cette imitation pour partager également la science pour le bien-être de la société et d'ailleurs c'est ça le leitmotiv de cette revue.

Cette revue est créée en 2023 par un étudiant de l'université catholique du Grand Bandundu « UCGB » qui est ***RAPHAËL Ngambelo*** en G3 philosophie. Et il est aussi séminariste du diocèse de kenge. L'ombre de la sagesse a vu jour au grand séminaire universitaire de Kalonda qui est un séminaire interdiocésain et regorge à lui seul 5 diocèses notamment : Idiofa, inongo, kenge, Kikwit et enfin popokabaka.

La revue l'ombre de la sagesse ne peut consister qu'à publier les articles de différents domaines certainement. Voyant le problème épineux et néfastes qui rongent notre société, nous laissons accès à tous les intellectuels d'y réfléchir et amener un essor cognitif pour éveiller la conscience de tout le monde.

DISPOSITION ET CONDITIONS DE LA REVUE.

Il faut d'emblée dire qu'aucune institution ne peut travailler sans aucun ordre, ou enchaînement. La nôtre aura procédera de la manière suivante :

1. Elle ne peut publier que des articles pertinents qui touchent la conscience de tous les hommes.

2. Aucun article ne peut parler de l'ontologie d'une personne, au cas contraire il sera ipso facto rejeté.

3. tout article qui est soumis pour la publication est considéré comme un travail original, non publié ailleurs ni proposé à d'autres journaux, magazines, revues, etc.

4. Avant la publication l'auteur est obligé de garantir son exemplaire.

5. Chaque article pour les autres numéros de la revue sera joint d'une photo et une courte biographie de l'auteur.

6. Aucun numéro de la revue ne peut dépasser 15 articles et chaque sujet d'un article, l'auteur nous présentera les mots phares. « Ex: les enjeux et les défis des réseaux sociaux. Nous avons ici: enjeux, défis et réseaux sociaux. »

7. L'auteur de chaque article est prié de nous avons son article 15jours avant la publication et celui-ci sera soumis à l'équipe rédactrice pour la correction si c'est possible.

PAGE SOMMAIRE

Les auteurs de différents articles, nous avons:

L'EGOISME COMME FACTEUR D'INSOCIABILITE

Introduction

Parlant de l'égoïsme, Paul Rée affirme que, descendant du singe, l'homme est naturellement égoïste. L'instinct égoïste est plus développé en lui qu'à l'animal qui est son ancêtre. C'est pourquoi il dit à ce propos que « l'homme est parfaitement égoïste et les membres d'une tribu de singes n'entretiennent pas une hostilité réciproque aussi profonde que les membres d'un même groupe humain. »[1] Cependant, dès l'origine de son existence l'homme agit de deux manières : d'une part de façon égoïste et d'autre part de façon altruiste. En effet, étant en quête de son bien-être, l'homme préfère agir d'une manière égoïste pour conserver ses intérêts.

En vivant la solitude il n'hésite pas à compromettre la vie d'autrui. Par ailleurs, tout être vivant pris d'une manière séparée, a ce désir de vivre heureux, non pas d'une façon communautaire, mais plutôt seul. Du même coup, il y a une dimension d'égoïsme dans chacun de ses actes. Ceux-ci le conduisent à une guerre de tous contre tous comme le stipule Jean Jacques Rousseau : « lorsque deux hommes désirent une même chose, ils deviennent naturellement ennemis. Ayant un droit égal sur tout, ils doivent désirer à la fois beaucoup de choses communes. Ils sont donc ennemis. D'où une guerre de tout homme contre tout homme. »[2] Par conséquent, l'homme ne vit plus d'une manière sociale mais plutôt insociable. Cependant, sans appui de la communauté, l'homme peut-il atteindre un vrai bonheur dans son agir égoïste ? C'est cette question qui suscite notre inquiétude et qui nous anime à faire l'herméneutique de ce terme "égoïsme".

1. De l'égoïsme dans l'agir de l'homme

Tout porte à penser que l'homme doit au préalable s'aimer avant d'étendre ses relations vers les autres. Par ailleurs, l'amour-propre est une forme d'égoïsme déguisé par le fait que quand l'homme se renferme en lui-même, il n'aura plus le souci d'aider l'autre. Aimant sa vie plus que celle d'autrui, l'homme nourrit un esprit d'égoïsme. « Par son instinct égoïste, il vise à son propre bien, c'est-à-dire avant tout : a) à sa propre conservation, b) à la satisfaction de ses instincts sexuels, c) à la satisfaction de sa vanité. »[3]Selon Aristote, « on

---

[1] P. REE, *De l'origine des sentiments moraux*, Paris, P.U.F, 1982p. 85.

[2]J.J.ROUSSEAU, *Du contrat social*, Aubier, Montaigne, 1943, p. 23.

[3] P. REE, *Op. cit.*, p. 76.

critique, en effet, ceux qui s'aiment eux-mêmes par-dessus tout, et on leur donne le nom d'égoïste en un sens péjoratif. »[4] Parlant de l'amour de soi, nous entendons un esprit du "Je" primant sur l'autrui. Cet esprit conduit l'homme à se replier sur soi-même et engendre par lui la tendance égocentrique. Cela a poussé Kant à dire que « posséder le Je dans sa représentation : ce pouvoir élève l'homme infiniment au-dessus de tous les autres êtres vivants sur terre. »[5]

Toutefois, en centrant tout sur soi, l'homme nourrit en lui-même un sentiment de l'oubli de l'autre et l'esprit de nuire à ses biens ou à sa vie propre, soit par un simple plaisir de s'affirmer sur autrui, soit par une vanité de ce qu'on possède. Ce sentiment légitime que l'homme accroît afin de trouver son bien-être fait germer en lui une certaine dose d'égoïsme. Conscient de l'égoïsme inhérent à la nature humaine, Kant affirme que « du jour où l'homme commence à dire Je, il fait apparaître partout où il le peut son moi bien-aimé ; et l'égoïsme progresse irrésistiblement d'une manière sinon manifeste (car l'égoïsme des autres s'oppose à lui) du moins enveloppée :... » [6]

Néanmoins, en s'aimant, l'homme ne peut transformer cet amour en une auto-estime, mais plus en un amour qui a pour bénéfice les autres. Car, cet amour-propre s'épiphanise plus au niveau matériel. Du même coup Paul Rée écrit : « lorsque l'être humain veille au bien d'autrui comme au sien, l'apparence disparaît momentanément selon laquelle les choses seraient fondamentalement divisées en autant d'individus. »[7] En d'autres mots, si l'homme agit ainsi, l'amour-propre ne sera en aucun cas transformé à l'égoïsme.

2. Formes d'égoïsme

Au travers de ses diverses formes, l'égoïsme présente plusieurs facettes. Ces représentations de l'égoïsme peuvent s'expliquer d'une manière ou d'une autre :

1. L'égoïsme matériel : c'est cet égoïsme qui est le plus développé dans l'instinct humain. Car voulant atteindre seul son bonheur, l'individu accroît les actions égoïstes telles que la conservation des biens, la procuration des certains intérêts, etc. Comme le dira sans conteste Paul Rée : « l'homme quant à lui ne possède pas seulement les instincts de la faim et de la

---

[4]ARISTOTE, *Ethique à Nicomaque*, p. 489.

[5] E. KANT, *Anthropologie du point de vue pragmatique*, Trad. par M. Foucault. Paris, Vrin, 2002, p. 23.

[6] *Ibid.*, p. 24-25.

[7] P. REE, *Op. cit.*, p. 81.

sexualité qu'il peut du moins satisfaire de temps à autre, mais d'autres encore, tout aussi insatiables. »[8]

2. L'égoïsme sexuel : Affirmant que l'homme n'est pas seulement égoïste du point de vue matériel mais aussi et surtout du point de vue passionnel, Paul Rée souligne qu'« il ne veut pas seulement boire et manger aussi bien que possible, vivre aussi confortablement que possible, avoir des relations intimes avec des femmes aussi belles que possibles, ... »[9] En effet, l'amour sexuel étant un sentiment de plaisir de deux personnes, il fait sortir un goût d'égoïsme dans la mesure où voulant toujours une belle fille ou un bel homme, on agit en égoïste en portant préjudice à l'autre. C'est pourquoi, il existe aujourd'hui de masochisme (sadisme), c'est-à-dire une pratique sexuelle utilisant la douleur, la domination ou l'humiliation de l'autre dans la recherche de plaisir.

3. Égoïsme langagier : celui-ci consiste en la conservation personnelle du langage. C'est une sorte de l'autoritarisme. Ceci est plus manifesté par ceux qui ont le pouvoir sur les autres. Cet égoïsme conduit à la dictature et à la manipulation des autres. Dans cette perspective, Emmanuel Kant dit : « De nos jours, le langage du chef de l'État à son peuple est d'ordinaire pluraliste (nous, par la grâce de Dieu, etc.). On se demande s'il n'a pas ici un sens égoïste, indiquant une souveraineté personnelle,... »[10]Par ailleurs, outre les formes d'égoïsme, Emmanuel Kant nous livre trois types d'égoïsme[11] :

- L'égoïsme logique : ne tient pas nécessaire de vérifier son jugement d'après l'entendement d'autrui, ... ; bien que dans la philosophie, nous ayons à faire appel au jugement d'autrui pour confirmer le nôtre,...
- L'égoïsme esthétique : est celui qui se contente de son propre goût: les autres peuvent bien trouver mauvais ses vers, ses peintures, sa musique, et les mépriser ou en rire.
- L'égoïsme moral : enfin, c'est celui qui ramène toutes les fins à soi, qui ne voit d'utilité qu'en ce que lui est utile, et qui, par eudémonisme, ne fonde la destination suprême de son vouloir que sur son utilité, sur son bonheur personnel et non sur la représentation du devoir. Car chaque homme se fait une idée différente de ce qui compte pour son bonheur,...

Cependant, toutes ces formes d'égoïsmes ont leur source, qu'il convient d'explorer.

---

[8]*Ibid.*, p. 85.

[9] P. REE, *Op. cit.*, p. 85.

[10] E. KANT, *Anthropologie du point de vue pragmatique*, p. 23.

[11]*Ibid.*, p. 25-27.

3. Les sources de l'égoïsme

Dans sa vie, l'homme est animé par un certain nombre de sentiments qui le poussent à agir soit positivement c'est-à-dire d'une manière bonne, soit négativement d'une manière mauvaise. Certes, c'est par des sources qui sont mauvaises que l'homme tire son égoïsme. Si un être était élevé dans des conditions exactement opposées, si, dès sa jeunesse, il entendait appeler bonnes et louables la dureté de cœur, l'envie, la joie de nuire, mauvais et blâmable au contraire l'altruisme; ..., il serait tout naturel pour cet être de trouver louable et bons ce qui contribue à l'épanouissement de tous et le mauvais tout ce qui est contraire au premier. Voici en effet quelques sources de l'égoïsme : la vanité, le plaisir, l'envie, l'ambition, etc.

1. La vanité

Étant une fierté qu'a l'homme sur son avoir ou sur son paraître, la vanité mal placée conduit à l'égoïsme. Aussi, il cherchera le désir d'être plus apprécié par tout le monde. Ainsi donc, n'atteignant pas son objectif, il portera la main sur les autres et même sur leurs biens. En effet, la vanité enfin inspire le désir de plaire /d'être admiré. Quiconque éprouve ce désir, c'est-à-dire tout un chacun, haïra ceux qui plaisent ou qui sont plus admirés que lui-même. Il cherchera donc à les repousser, à les anéantir, et, s'il y parvient, il éprouvera la joie d'avoir nui à autrui. La vanité peut aussi conduire d'autres manières à porter préjudice à autrui.

La vanité, en effet, donne à l'homme ce désir d'avoir plus que les autres, non pas d'une manière altruiste, mais plutôt en nuisant à autrui et en satisfaisant ses besoins personnels : par exemple le désir sexuel, le besoin matériel, ... Ceci nourrit alors dans l'être de l'homme l'esprit de rivalité. Ainsi, quand l'homme a la joie de nuire aux autres, il est sans doute égoïste car il vise en d'autres termes son intérêt personnel. C'est pour cette raison que Nietzsche affirme qu' « Il faut donc bien s'avouer que les vaniteux ne veulent pas tant plaire à autrui qu'à eux-mêmes, et qu'ils vont assez loin pour y négliger leur avantage : car ils attachent de l'importance souvent à mettre leurs semblables en des dispositions défavorables, hostiles, envieuses, partant désavantageuses pour eux, rien que pour avoir la satisfaction de leur Moi, le contentement de soi. »[12]

---

[12]NIETZSCHE, *Humain, trop humain*, Trad. de A.-M. Desrousseaux et H. Albert, Revue par Angèle Kreme-Marietti, Paris, Librairie Générale Française, 1995, p. 95.

2. Le plaisir

En tant que sentiment ou sensation agréable, le plaisir conduit à l'égoïsme étant donné que l'homme usant de son plaisir, compromet la vie des autres. Par exemple, dans le cas de plaisir sexuel, l'homme voulant s'accaparer de la femme de son voisin, tue ce dernier par jalousie. Des telles actions sont plus remarquables chez les femmes. Car, elles ont un instinct sexuel plus développé que les hommes. Comme l'explicite Rée, « une femme qui non seulement ne semblerait pas chercher à plaire, mais ne chercherait pas à plaire en effet serait une exception bien rare puisque, en raison de circonstances indiquées, le désir de plaire est l'un des instincts les plus puissants dans le sexe féminin. »[13]

3. L'envie

L'envie résulte du chagrin ou de la haine que l'homme ressent du bonheur, ou du succès d'autrui. L'envie fait partir des sources de l'égoïsme. Parce qu'ayant le dégoût du bonheur des autres, on ne tarde pas à leur faire du mal. L'envie née de l'égoïsme relève de l'utilité que l'homme envié retire d'un bien extérieur à lui-même (par exemple la belle demeure), ou d'une qualité physique (par exemple la santé), ou encore d'une qualité de l'esprit (par exemple l'intelligence).

4. L'ambition

Pour Paul Rée, l'ambition est l'une des parties de la vanité dans la mesure où « on appelle ambitieux celui qui cherche à acquérir des biens qui susciteront l'admiration et l'envie. »[14]*Mutatis mutandis*, si nous attachons l'ambition parmi les sources de l'égoïsme c'est par le fait que l'homme ambitieux tire l'intérêt d'être admiré. En d'autres termes, il acquiert le bien seul pour que celui-ci soit une source d'admiration pour lui.

3. Conséquences de l'égoïsme

Certes, l'égoïsme empêche l'homme d'aller vers les autres parce qu'il le pousse à s'enfermer sur lui-même. Tenant compte de son aspect ontologique, l'être humain est toujours et déjà "avec". Il lui sera difficile d'atteindre seul le bonheur. Car, en renfermant le monde sur soi, il réduit les niveaux de réseaux des relations qui peuvent lui procurer du bonheur. Dans ce cas, l'isolement égoïste peut conduire à la mort. Il est souhaitable que l'homme nourrisse

---

[13]P. REE, *Op. cit.*, p. 142.
[14]*Ibid.*, p. 137.

l'esprit altruiste pour fuir ces calamités. P. Rée en dit plus quand il suggère que « Si tous les hommes nourrissaient de véritables sentiments altruistes, si chacun aimait son prochain comme lui-même, le communisme ne serait pas seulement possible, il serait déjà instauré. »[15] Bref, cette façon de faire nous conduira au progrès moral.

L'égoïsme comme facteur d'insociabilité tel est le titre autour duquel nous focalisé notre attention. Ainsi, nous avons constaté que l'égoïsme est lié à la nature de l'homme parce qu'il a en lui deux instincts dont l'un est égoïste et l'autre altruiste. Constanta avec Paul Rée que l'instinct égoïste est plus fort, c'est ce qui fait qu'il domine l'instinct non égoïste. Par ailleurs, visant à atteindre seul son bonheur, l'homme est capable de mettre fin à la vie de l'autre par une simple haine, envie ou par simple plaisir.

Par conséquent, pour faire échapper l'homme de ce filet, l'État met à sa portée la loi comme garde-fou qui oriente son agir vers le bien suprême commun. Pour celui qui fait le bien des autres pour l'amour d'eux, son action n'est plus un moyen, elle est elle-même sa propre fin ; l'entreprise lui tient véritablement à cœur ; elle n'est donc pas incertaine, mais assurée ; elle n'est pas fortuite, mais nécessaire. C'est pourquoi, nous avons reconnu que l'homme est autant capable d'égoïsme que d'altruisme. D'où il lui est possible de se dépasser en s'ouvrant aux autres. C'est donc ce dépassement de l'égoïsme qui permet d'atteindre le bonheur.

---

[15] *Ibid.*, p. 89.

L'AUBAINE D'UNE APPROCHE PHENOMENOLOGIQUE DE LA SOUFFRANCE

Le problème de la souffrance et de la mort est l'un des grands défis auxquels est confrontée l'existence humaine. Ces deux réalités constituent une dimension incontournable de la nature humaine qui ne pourra probablement jamais être éradiquée. Au-delà de ces deux concepts, notre réflexion se fondera plus sur la souffrance, partant des expériences vitales afin d'en desceller un sens. Si l'on peut admettre qu'elle soit en une certaine mesure amoindrie par certaines pratiques médicales, demeure cependant une réalité vitale à laquelle il convient de donner au moins une amorce de sens, tout en étant conscient qu'elle comporte une sphère qu'il vaut mieux reléguer au rang de mystère, afin de n'est pas prétendre lui donner un sens plénier.

De nos jours, la réalité de la souffrance ayant trouvé quelques mesures de dépassement, l'on est quelque peu aveuglé et l'on n'en voit plus du tout une signification. Elle est fréquemment considérée comme une réalité absurde à laquelle il ne peut être donné de sens. Cette approche crée un climat qui rend la souffrance d'autant plus difficile à porter. Il s'observe de ce fait, une dévalorisation de la souffrance du point de vue réflexif, bien qu'elle soit adoucie. Cette pensée s'articule mieux dans le domaine médical comme souligné ci-haut, où certaines souffrances sont considérées d'insurmontables. De ceci, nait la tendance qui ôte au souffrant la possibilité d'assumer son état. Il ressort l'idée selon laquelle l'on culpabilise le malade de sa souffrance et on l'empêche, voir lui interdit d'en accorder un sens.

Cependant, il n'est certes pas question de se livrer à une apologie de la souffrance, en faisant de celle-ci une valeur ou une réalité qu'il faudrait cultiver, ni non plus accepter l'approche de lui ôter toute possibilité de lui accorder un sens. C'est en effet pour faire accepter au souffrant cette réalité qu'il traverse, afin de l'intégrer comme faisant partie de la nature humaine.

I. La souffrance : une expérience humaine

L'on peut se rendre bel et bien compte à partir d'un simple regard, qu'en tant qu'être vivant, nous sommes confrontés à des souffrances passagères, celles accompagnant toute vie humaine qu'il vaut mieux qualifiées des souffrances de tous les jours et des souffrances intenses, qui résultent soit d'une épreuve extrême, soit de douleurs fortes, voire chroniques. Nous analyserons ces deux catégories de souffrance afin de parvenir à une compréhension de la souffrance comme expérience humaine.

- **Souffrance passagère :** cette forme de souffrance est un peu proche de la douleur, cependant différents. En effet, la douleur est plus liée au corps plutôt qu'au psychique. Toutefois, cette souffrance peut se comprendre dans le champ qui est nôtre comme celle qui accompagne toute vie humaine. Il est avéré que toute vie humaine se heurte à des moments de crises, parfois successives. Certains auteurs pensent même que ces crises qui débouchent vers la souffrance soient un passage obligé pour la croissance de l'être humain. C'est dans cet ordre d'idées que s'insère Malherbe qui décrit l'existence humaine comme un accouchement de soi-même. C'est dire que pour lui, la vie humaine, surtout dans sa manifestation de la souffrance se conçoit comme une grossesse. En effet, la grossesse est quelque chose qui vit en la personne, qui grandit, bouscule parfois et arrive quelque peu à bouleverser son entendement ; sa sortie au grand jour contracte, fait souffrir. Tel est d'après lui la structure que nous pouvons avoir de cette souffrance qui nous accompagne. Les douleurs de l'enfantement représentent l'image ou le signe de cette souffrance de passage, qui est une souffrance pour donner la vie, pour donner sens à notre existence. Autrement dit, « toute richesse de l'être humain est en même temps une capacité de souffrir »[16]. Inévitable à la nature humaine, la souffrance comme le faire dire L. Lavelle « il n'y a pas une seule région de notre vie où la souffrance ne puisse un jour pénétrer. Toute acquisition nouvelle est l'occasion d'une nouvelle blessure. »[17] Il apparait ici l'idée de l'intégration de la souffrance comme une expérience qui embrasse l'être humain. Elle se présente comme une condition de vie, afin de faire comprendre que tout humain dans sa nature d'humain fait au moins l'expérience de la souffrance.

- **Souffrance intense :** cette forme de souffrance soulève une certaine ambiguïté, une certaine ambivalence dans la mesure où, comme l'exprime Lavelle « elle risque toujours de nous asservir, bien qu'elle puisse être pour nous une épreuve qui libère… Sa valeur réside seulement dans une opération de notre activité sur elle et qui lui permet de la changer soit en bien, soit en mal, par la manière même dont elle en dispose. »[18] Ce qui revient à dire que dans cette vision la charge revient à celui qui porte le poids de la souffrance de l'appréhender comme un dard par son attitude vis-à-vis d'elle. Toutefois, l'on peut se poser la question de

[16] M. MARET, *L'euthanasie*, Suisse, éd. Saint-Augustin, 2000, p. 282.
[17] L. LAVELLE, *Le mal et la souffrance,* Paris, Plomb, 1940, p. 116-117.
[18] Ibid. 41 et 94.

savoir si la souffrance peut-elle aussi être comprise comme un bien. Parler de la souffrance comme un bien, c'est faire référence, comme le souligne l'objet même de nos analyses, au sens qui est accordé à la souffrance par celui qui la porte. Elle peut être comprise comme un bien (même si le mot bien ne colle pas avec la nature de la souffrance), lorsqu'elle est prise dans son sens d'humanité ; lorsqu'on l'intègre comme réalité de vie. Ce fait nous renvoie quelque peu à la première catégorie de souffrance traitée. C'est d'ici que peut ressortir le sens de la souffrance comme bien, car elle vient donner sens à notre existence humaine.

Cette catégorie de souffrance intense peut entrainer certaines conséquences, qui ne sont pas en soi négatives, mais peuvent le devenir, comme nous l'avons dit, par l'attitude de celui qui la vit. Il faudrait reconnaitre tout d'abord que pareille souffrance fragilise souvent l'être et lui fait croire que toutes les évidences de l'existence sont brisées et que la vie elle-même n'a plus aucun sens. C'est comme l'océan du désespoir.

Contrairement à ce qui suit, il faudrait aussi en même temps reconnaitre que la souffrance peut avoir une utilité. Pour mieux le dire, Xavier Thévenot utilise le concept de «fécondité ». Cette pensée se comprend par le fait que la souffrance stimule l'être à se dépasser ; elle peut à cet effet devenir source de croissance. Sans pour autant être éducatrice, mais « si elle est vécue positivement, elle peut être une occasion de grandir »[19].

Par ailleurs, la souffrance bien vécue peut arriver à provoquer un éveil ou mieux un accroissement de la conscience. C'est ainsi que Lavelle dira «jamais en effet la conscience n'est plus aigüe que quand on souffre : le plaisir la dissipe et l'endort. La souffrance est l'aiguillon qui la réveille, qui ébranle son point le plus sensible. »[20]La souffrance est en effet une remise en cause de l'existence humaine, en ce sens qu'elle ne laisse plus l'être sur le stade de l'avoir mais plutôt le ramène à son stade d'être. Ce qui signifie que la souffrance constitue la voie qui aide l'être en lui faisant comprendre ce qu'il est par un dépassement de l'avoir. Il est précieux qu'on s'insère dans la démarche lavéllienne, afin de comprendre que chez lui la souffrance s'applique davantage dans les rapports qu'on entretient avec les autres êtres, qu'il qualifie des autres consciences. Ainsi cette possibilité de souffrir semble être une ouverture ou mieux permet de mesurer l'intensité des liens qui nous unissent avec les autres.

---

[19] M. MARET, *L'euthanasie*, Suisse, éd. Saint-Augustin, 2000, p.284.
[20] Lavelle cité par MARET, *L'euthanasie*, Saint-Augustin, 2000, p. 284.

En effet, cette souffrance qui a tendance à isoler, devient, lorsqu'elle est dépassée, l'occasion d'un décentrement de soi pour une ouverture plus grande aux autres. Cette pensée embrasse bien évidemment celle de Levinas, pour qui la souffrance de l'autre nous rend sensible, appelle au secours et suscite en nous un sentiment de responsabilité. Autrement, la souffrance n'est jamais pensée chez Levinas en dehors d'un rapport à l'altérité. C'est ainsi qu'on peut comprendre la souffrance chez lui comme le fait de souffrir avec l'autre et plus explicitement encore de souffrir pour l'autre.

L'analyse phénoménologique du quotidien nous livre des témoignages, parfois extraordinaires accompagnant cette étude. En effet, à travers de dures souffrances ou des épreuves apparemment insurmontables, certaines personnes sont parvenues à des sommets difficilement imaginables. Des personnes ne trouvant parfois plus de sens à leurs vies à causes de la souffrance ont vu après celle-ci une existence transformée ouvrant au bonheur et ont appris à donner sens à leur existence.

Cependant, après observation et réflexion, il ressort que moins de personnes comprennent la souffrance, surtout celle intense, comme l'occasion d'une victoire. Ils la comprennent souvent et surtout comme désavantageuse et comme une perpétuelle défaite existentielle, bien qu'il en soit aussi une partie de sa nature. Elle ne revêt pour eux qu'un caractère destructeur.

Bref, la problématique du sens de la souffrance telle qu'envisagée reste complexe et constitue une ouverture à plusieurs autres interrogations et débats. Nous avons tenté de comprendre la souffrance en la confrontant à ses manifestations dont l'être humain fait l'expérience. Elle a été analysée tout d'abord comme une réalité traversée par tout être, en suite envisagée dans sa dimension intense. Il a résulté de ceci le fait qu'il est difficile pour de nombreux souffrants d'intégrer cette réalité et d'en donner sens, du fait qu'ils ne voient que son aspect destructeur. Toutefois, nous avons révélé en même temps la deuxième face de la souffrance, qui a été, si on peut l'admettre avantageuse parce qu'elle constitue un aiguillon ou mieux une ouverture au bonheur. C'est donc après l'avoir intégré et dépassé, qu'elle nous aide à nous ouvrir aux autres consciences. C'est ainsi qu'arrive Levinas pour qui la souffrance se pense en rapport avec l'altérité et invite au sentiment de responsabilité pour autrui.

DE L'EDUCATION VERS UNE DEMOCRATIE VRAIE ET DURABLE POUR UNE AFRIQUE ETRANGLEE PAR LA DEMAGOGIE.

À regarder les diverses situations que traversent plusieurs pays démocratiques africains, nous nous rendons compte qu'ils n'ont pas été préparés ou éduqués à la démocratie. De ce fait, il est urgent d'éduquer le peuple africain afin de mieux intégrer la démocratie dans sa politique qui apparaît comme une tentative vouée à l'échec pour la majorité des pays.

Comme nous le savons, il y a une idée plus ancienne et plus formelle qui définit essentiellement la démocratie par les élections, les scrutins, etc. Nous inscrivant dans la perspective de la philosophie politique, nous restons frappés par la définition selon laquelle la démocratie est le «gouvernement par la discussion»[21]. Ainsi définie, la démocratie ne peut pas réussir dans un pays où la majorité de la population n'a pas accès à l'éducation. L'éducation devient dès lors la condition sine qua none d'une démocratie digne de ce nom. En démocratie, il n'est plus question d'une relation entre maître et élève (bien qu'il y ait des gouvernants et des gouvernés), mais d'une relation entre citoyen et citoyen. Et aucun citoyen n'est supérieur à un autre.

Mais il se pose un problème dans un "gouvernement par la discussion" dans la mesure où les analphabètes ne peuvent pas convaincre les alphabètes malgré leur argumentation. C'est pourquoi beaucoup de politiciens africains se font des démagogues car ceux avec qui ils doivent discuter n'ont pas peut-être les mêmes bagages intellectuels qu'eux. Il est important de promouvoir dans tous les pays démocratiques une éducation intégrale. Le souci d'une population éduquée doit hanter tout homme politique. Une éducation qui doit viser tout homme et tout l'homme.

Si toute la population est réellement éduquée, c'est en ce moment qu'on peut faire face aux politiciens démagogues. Une éducation pour tous permettrait de réduire le nombre des démagogues car ayant un bagage intellectuel consistant, on ne peut pas se laisser séduire par n'importe quelle tromperie.

1. Éducation (alphabétisation) comme visée de tout homme et de tout l'homme

Autrefois, l'éducation a été réservée à une classe privilégiée : aux riches. Depuis la colonisation de plusieurs pays africains, en passant par la période de leurs indépendances jusqu'à nos jours, le peuple africain en général n'a pas accès à de bonnes études, les moyens

[21] A. SEN, *L'idée de justice*, Paris, Flammarion, 2012, p.386

financiers faisant défaut. Certaines écoles, universités sont l'apanage seulement des riches. Nous voulons suggérer aux gouvernements africains en général, et congolais en particulier de disposer des écoles et les enseignants de qualité pour la formation de la jeunesse, pour ne pas dire de l'avenir.

La conception selon laquelle seuls les enfants des riches devraient accéder à telle ou telle autre institution doit être de ces jours bannie. Car la démocratie ne peut pas être pratiquée dans un pays où la majorité de la population n'est pas outillée intellectuellement. Le souci d'une population éduquée devrait hanter tout homme politique avisé, qui connaît et comprend sa mission. Les bouleversements politiques de 1990 renforcent cette thèse et comme René Dumont, nous pouvons dire que : le premier devoir d'un pouvoir démocratique, plus soucieux du sort de tous, sera de généraliser et d'améliorer l'éducation qui est avec "le pain quotidien" le premier des besoins du peuple. L'effort de chaque citoyen étant non moins négligeable, les gouvernants surtout doivent s'investir à l'éducation de la population et maintenir celle-ci en bonne santé; que chaque partisan ait au moins de quoi scolariser ses enfants et de quoi les nourrir. Étant devant deux problèmes majeurs : éducation et nourriture, nous allons nous attarder sur l'éducation, vu le défi au sein de notre pays.

En effet, l'éducation doit viser tout homme, en ce sens qu'elle doit concerner l'homme de façon globale. Que chacun, dans son coin, soit capable de fréquenter une école de son choix pour acquérir de nouvelles connaissances. Ainsi donc, puisque riches et pauvres ont l'opportunité de visiter une quelconque école, il n'y aura plus assez de complexe (de supériorité et d'infériorité) et d'inégalités sociales. Dans cette optique, nous encourageons certains efforts fournis au niveau du gouvernement congolais pour la gratuité de l'enseignement primaire. Mais cela ne suffit pas. Il ne reste plus qu'à jauger le niveau et la qualité des enseignants disposés à la formation de la jeunesse et à les honorer convenablement avec un salaire raisonnable et respectable.

Outre cette perspective, l'éducation doit aussi viser tout l'homme c'est-à-dire que l'éducation a pour but final la transformation de l'homme dans tous ses aspects pour ne pas parler de la formation intégrale. Un homme éduqué est appelé à se démarquer de tout autre qui ne l'est pas. Il doit quitter son état de sauvagerie pour vivre en homme social civilisé.

Eu égard à ce qui précède, au lieu de multiplier les entités sans nécessité en finançant par exemple les 3 V (voitures, villas, voyages), tout homme politique avisé devrait accorder à l'éducation une plus grande part du budget. Ce faisant, il doit s'investir dans la construction des écoles en vue de favoriser un climat approprié pour l'apprentissage des citoyens. Un pays démocratique ne peut pas se sentir digne tant que sa population n'est pas instruite.

2. Éducation, affaire des experts et des matures.

Tout homme peut éduquer un autre homme, mais tout homme ne peut pas assurer une meilleure éducation. C'est pourquoi l'éducation ne devrait pas être l'apanage de tout le monde. Elle doit être réservée à une catégorie de la société car c'est elle qui détermine l'agir d'un être humain parmi les siens. Par l'éducation, l'homme peut quitter son état de sauvagerie pour devenir plus humain et plus civilisé.

Étant avisé, Emmanuel Kant affirmait que l'homme ne devient homme que par l'éducation. Il n'est que ce que l'éducation fait de lui. Et il faut remarquer que l'homme ne peut être élevé que par des hommes qui ont été eux-mêmes élevés. L'effort que l'Afrique doit faire c'est de revoir ses foyers éducatifs pour un avenir paisible.

Dans cette perspective, l'éducation doit être l'affaire des experts et des hommes matures. Il faut une certaine expérience qui suppose qu'on est soi-même éduqué. Les irresponsables, ceux qui ne sont pas modèles, doivent s'occuper d'autres travaux. C'est quand cet effort est réalisé qu'on peut conjuguer la démocratie.

3. La conjonction de l'éducation et de la démocratie

La démocratie apparaît comme une tentative vouée à l'échec dans la majorité des pays africains non parce que les Africains sont incapables s'appliquer un pareil régime politique, mais parce qu'ils n'ont pas été préparés à l'adopter. Il aurait d'abord fallu beaucoup de formations, d'efforts de conscientisation.

La démocratie exige une certaine discipline, moralité, conscience et un certain respect de la propriété d'autrui et du bien collectif (communautaire). Pour une Afrique étranglée par la démagogie, une éducation intégrale est indispensable. La démocratie appelle toujours l'éducation.

Puisqu'une partie de l'Afrique a opté pour la démocratie, rien n'est tard. La promotion des écoles et l'éducation des populations dans tous les foyers éducatifs doivent préoccuper tout dirigeant africain, y compris le peuple lui-même. Car bien que la démocratie soit un "gouvernement par la discussion", c'est le peuple qui détient toute clé pour un quelconque pouvoir. Face à un démagogue, il peut résister ou pas si et seulement s'il a un certain bagage intellectuel qui peut l'aider à dire oui ou non quand il le faut. Dès lors, tout comportement politique faisant de complaisance et de flatterie à l'égard des populations sera mis à nu et restera sans valeur et sans impact sur ces populations.

Bref, pour une démocratie qui veut se pérenniser, se solidifier et s'authentifier, il lui faut avoir des bases consistantes. En d'autres termes, avoir une population instruite, capable d'initiatives.

4. Vers une démocratie idéale pour l'Afrique, surtout pour la République démocratique du Congo. Défis et perspectives.

La démocratie comme telle, n'est pas le pire régime politique qui puisse exister. Mais c'est peut-être la manière de l'appliquer qui fait croire aux gens qu'elle n'est pas le régime idéal pour nos pays africains. L'effort que l'Afrique et surtout la République démocratique du Congo doit faire c'est de respecter la constitution, de défendre les droits et les libertés des personnes (des populations).

En effet, la politique prend de plus en plus une autre allure en Afrique. Elle devient un lieu d'enrichissement matériel et non un lieu de service. Beaucoup de chefs africains, au lieu de se mettre au service de la population, du bien commun, ils sont plutôt à la recherche des intérêts personnels. Ils font une politique du ventre qui consiste d'abord à se remplir le ventre.

Comment pallier une telle situation qui ronge l'Afrique en général, et la République démocratique du Congo en particulier ?

L'éducation est le moteur pour qu'advienne le changement dans les pays démocratiques africains. Mais elle ne suffit pas. Pour le cas de la République démocratique du Congo, il faut une prise de conscience de la part de nos dirigeants et une mise au clair de ce qu'est la démocratie. Si on peut ne fût-ce que confronter notre situation actuelle, situation vécue à la réalité ou à ce que serait un pays purement et proprement démocratique. Une telle comparaison serait souhaitable et nous nous rendrons compte que nous sommes dans un pays démocratique de nom, où nous sommes loin de la pratique démocratique.

De ce qui précède, le mal qui ruine le plus la société congolaise est l'égoïsme. Dans les temps immémoriaux, le désir d'une vie partagée n'a jamais cessé de hanter le congolais. Étant passionné par le goût de vivre dans une société, il cherchait toujours à rendre harmonieuses ses conditions vitales dans son milieu social. Parce qu'il n'était pas une entité détachée d'un ensemble, isolée de la société, le congolais était appelé pour la plupart de fois à se réjouir avec les autres, en recherchant son bonheur et le leur. Mais actuellement le congolais recherche-t-il le bien des autres ?

Les congolais soucieux des autres sont minimes. Pour remédier à ce défi, ils doivent se soutenir mutuellement pour la bonne marche de la chose publique. Ainsi soutenus, ils peuvent travailler à l'avènement d'une démocratie durable.

Rostand BADRANDE MABENGA,

Gradué en Philosophie.

REPENSER LA JEUNESSE A NOS JOURS : UNE ETHIQUE DE LA PRISE DE CONSCIENCE TRANSCENDANTALE

Il sied important de souligner toujours que l'homme est un élément de la nature différent des autres êtres partant de sa faculté de juger c'est-à-dire de sa rationalité, où il mène ses actions et réflexions vitales en toute liberté. Celle-ci fait de telle sorte qu'il ne soit pas pris en otage par autrui dans la mesure où depuis le début de son existence, il a été créé libre en étant le maître même de la nature. Du fait qu'il soit un élément de la nature et que sa définition reste incertaine jusqu'alors, il constitue un point culminant d'étude des plusieurs domaines comme la biologie, l'anthropologie, la sociologie, la psychologie, la philosophie, etc…

Tout au long de son parcours existentiel, il est buté par certaines difficultés qui font d'une manière ou d'une autre qu'il commence à se poser des questions ayant traits au sens et à l'essence même de son existence. Le bonheur auquel il aspire, lui est octroyé par le Principe Premier de toutes choses que l'on peut nommer à travers différents attributs.

En effet, le point de vue qui semble être soulevé ici est que, la personne humaine n'est pas d'abord à prendre ou à placer dans le rang des objets, à considérer comme un marchepied au sein de la société mais plutôt, elle doit avoir une place importante vis-à-vis des autres êtres partant de sa dignité, de sa responsabilité et aussi de la place qu'elle occupe au sein de la communauté humaine. Notre réflexion part d'un constat amère fait au sein de notre société au cours de ce siècle où la dignité de la personne est négligée, bafouée à travers plusieurs pratiques malheureuses entre autre celle de l'esclavage sous toutes ses formes.

Nous voulons ici en appeler à la conscience de tout le monde afin que nous soyons éveillés pour pouvoir lutter contre toutes ces mauvaises pratiques qui dénigrent la dignité et la liberté humaine ; d'où, cet appel est plus lancé à la jeunesse qui est un appareil important et intéressant d'une société ou d'une nation parce que l'avenir de demain est entre ses mains dans la mesure où ce que nous aurons à faire demain, doit être préparé a priori aujourd'hui et maintenant.

A ce sujet, l'on peut se demander si vraiment est-il nécessaire aujourd'hui pour nous de réfléchir encore sur cette étape de la vie qui a fait couler beaucoup d'encres à travers plusieurs thèses au cours de l'histoire ? Ou bien, elle seule suffit pour vaincre les maux qui guettent notre société aujourd'hui ? Nous dirons ici pas d'abord pour procéder au niveau de répondre mais plutôt mettre au claire cet aspect dans ce sens si que les réalités vécues les siècles passés ne sont pas parfois les mêmes que celles d'aujourd'hui ; les conditions de vie dans lesquelles nos aïeux se trouvaient ne correspondent pas à celles de maintenant surtout avec le progrès de la modernité qui emporte la jeunesse aujourd'hui.

De ce fait, cela ne nous empêche pas de dire aussi un mot qui peut être constructif pour notre génération afin de pouvoir avancer et accorder aussi la chance à autrui qui est différent de nous de trouver aussi son sourire et la satisfaction de ses besoins vitaux. Ces petites interrogations signalées ci-dessus pourront nous aider à nous remettre sur des nouvelles bases tout au long de notre réflexion afin de proposer quelques pistes de solution où chaque individu sera à mesure de se sentir encore libre et vivre dans la tranquillité au sein de la société.

Nous nous sommes donné d'abord la tâche ici de pouvoir souligner en premier lieu ce que nous voyons et constatons au sein de notre société et communauté de vie partant de bévues ou des crimes produits par les jeunes que nous sommes. Cet aspect est tellement fondamental et laisse à désirer avec beaucoup de regrets et d'amertume de voir que dans notre société de vie, nous nous entretuons sous plusieurs formes, ou l'on pouvait au moins lutter pour la paix, la concorde au sein de notre nation mais hélas nous restons ébahis et incertains.

En effet, les connaissances apprises dans nos différents milieux éducatifs doivent être mises en jeu et en pratique pour faire évoluer la Nation et la rendre encore plus habitable. Comme nous pouvons le constater, on ne saura résoudre tous les problèmes en un seul jour ; mais c'est un fruit des grands efforts dans l'unité et la collégialité d'esprit.

Par ailleurs, la jeunesse qui pouvait bel et bien manifester sa puissance, sa force, son dynamique afin de lutter contre tous ces antivaleurs est par terre aujourd'hui ; elle n'arrive plus à se prononcer ouvertement sur tel ou tel autre aspect qui va mal parce qu'elle est corrompue même sur ses propres droits vitaux pour ne pas évoquer celles de la nation en générale.

Tout le monde veut maintenant se lancer dans le domaine de la politique, une propriété faisant défaut jusqu'alors, où l'on pense réellement que le bonheur de la vie se trouve là-dedans et on aboutit à un stade de la négligence des plusieurs choses importantes qui peuvent faciliter le progrès et le développement dans notre communauté de vie.

Le développement que nous prônons du jour au lendemain pour nos société ne viendra pas d'ailleurs mais plutôt de nous-mêmes avec nos propres efforts quotidiens. Mais malheureusement, nous retrouvons un grand relâchement sur ce point dans ce sens que les efforts à fournir chez soi pour le progrès ne sont pas faits puisque la tendance est de se retirer plus loin de sa communauté pour l'étranger afin de faire ce que l'on pense à travers la manifestation d'une assiduité dans le travail de développement pour une autre communauté que l'on pense voir meilleure. On commence à fuir et à renier même ses propres origines sur le simple fait que la vie menée avant ne correspond plus à celle d'aujourd'hui et l'on se permet de tout pour se protéger.

En effet, la vie de la jeunesse est entre autre mise en grand danger à notre humble avis puisque les mauvaises tendances qu'on pouvait chercher à bannir sont encouragées vivement par elle. En commettant les meurtres, les violences sous toutes ses formes, nous nous rendons compte bien évidemment qu'il faut encore repenser cette étape de la vie dans nos sociétés.

Elle constitue une force majeure d'un Etat des droits où toutes les personnes doivent vivre en liberté partant du respect de la dignité humaine, en sécurité et aussi dans la responsabilité. Mais actuellement, on ne peut plus espérer à toutes ses bonnes pratiques à cause des antivaleurs favorisés par elle dans la mesure où les personnes et leurs biens vivent en grande insécurité, où l'on a même peur de marcher soi-même à n'importe quel endroit de la société du simple fait que l'on sera victime d'une maltraitance et parfois aussi trouver la mort pour n'avoir rien fait du mal à personne. Mais que faire pour remédier contre toutes ses mauvaises pratiques qui ne cessent de prendre de l'ampleur au sein de nos milieux de vie ?

Ce sont des questions qui hantent à l'esprit et fait montre bien évidemment que l'être humain se retrouve dans un carquois tel qu'il se sent menacé partout ailleurs. Ceci en effet engendre en quelque sorte l'esprit du désespoir de la libération et aussi la peur de vivre encore dans l'unité comme auparavant.

En d'autres termes, la situation actuelle de la jeunesse face à ses droits comme nous l'avions dit ci-dessus fait couler beaucoup d'encres du simple fait que cette belle force patriotique et aussi un grand espoir de demain se laisse manipuler sur tel ou tel autre aspect au sein de la cité. Chacun doit compter d'abord sur soi-même, sur sa propre conscience qui doit être consciente des tous les maux dont nous vivons actuellement afin de se lever et dire non à toutes ces mauvaises pratiques.

En effet, la jeunesse doit s'unir, se solidifier, travailler dur pour un futur meilleur, pour une bonne prospérité dans l'avenir et aussi pour la prise en charge de ses différentes préoccupations. Elle doit aussi fustiger toutes sortes des pratiques malhonnêtes ayant trait au tribalisme, racisme, régionalisme en vue d'une bonne marche vers la réalisation de son destin.

Dans cette même perspective, nous devons repenser la jeunesse pour tous les maux que nous voyons au sein de notre société parce que cela englobe une absurdité qui fait voir aux yeux de tout le monde que cette jeunesse ne serait pas incapable de les éviter afin de prospérer sur tel ou tel autre point de vue au sein de leur communauté. Ce qui importe plus est la collaboration dans les rapports des uns envers les autres parce que la société d'aujourd'hui se veut toujours meilleure en étant à la page sur le progrès scientifique de la mondialisation.

La recherche de la paix, de la liberté, de l'entente doit être ancrée dans le cœur de la jeunesse en faisant preuve d'une certaine autonomie pour son propre pays, en acceptant son mode de vie actuel afin de vouloir travailler pour l'améliorer au cours de temps. La jeunesse doit être butée par le goût d'amour de la patrie, à l'observance stricte des lois établies, défendre son identité même jusqu'à perdre sa vie pourquoi pas. Mais quand on se laisse faire par d'autres pratiques extérieures, rien de bon ne se produira sur tel ou tel autre aspect.

L'éveil de conscience est placé au centre pour tous. Chacun est prié prendre ses responsabilités pour défendre la cause de la Nation et d'autrui. La participation active à cette opération aidera les autres qui sont encore au stade de la rêverie, aux suppositions utopiques de se remettre aussi sur le droit chemin et se réveiller pour la bonne marche de la société.

La solidarité se veut pour tout homme qui veut conquérir une chose précieuse en y mettant sa sagesse humaine en jeu pourvu que l'aboutissement de ce projet ait au moins des effets positifs ; mais quand l'on reste seulement au stade de la haine, de la discorde et de la guerre entre nous au sein de la même communauté de vie, nous ne saurons rien fournir comme effort pour faire avancer la société.

Mais hélas, ce que nous déplorons du jour au lendemain afin de vouloir le bien de notre société ne fait que s'enraciner dans le chef de différentes personnes qui, partant de leur liberté commettent des crimes qui déstabilisent l'élan de la Nation ou de la société ; maintenant en lieu et place d'avancer vers le progrès pour un développement durable, on ne fait que régresser sur plusieurs plans tant politique, économique, culturel, social, industriel, etc…

Tous ces maux qui guettent notre environnement font de telle sorte que nous puissions encore rester au stade de la pauvreté, de la dépendance même sur les besoins élémentaires de la vie quotidienne. Le développement que nous cherchons ne viendra de nulle part ailleurs sinon nous-mêmes devrions être tout d'abord des vrais et réels protagonistes de cette action. Car en nous unissant sur une même vision pour défendre une cause en vue du bien-être au sein de la société, on y arrivera au moins à l'atterrissage sur des bonnes bases qui seront profitables pour l'émergence.

Sur ce, bannir les antivaleurs pour le bien de la communauté toute entière, doit la première préoccupation et le meilleur souci de chaque jour de tous les citoyens et surtout de la jeunesse en particulier. La prise de conscience doit se situer du haut niveau pour éviter de tomber dans des pratiques laxistes qui n'aboutissent à aucune solution durable comme nous l'observons actuellement en Afrique plus particulièrement en RDC notre pays.

On se vante avoir des grandes richesses mais qu'est-ce que nous en faisons ? Sinon elles sont exploitées par d'autres personnes étrangères pour le développement de leurs nations par des voies malhonnêtes qui méprisent et détruisent la vie et la dignité humaines ; tout ceci puisque nous sommes voilés et revêtus même de masques qui nous empêchent de voir clairement la réalité des choses et nous prononcer ouvertement quand il le faut, afin de réclamer nos propres droits qui sont violés. Dans la solidarité, l'unité, la bonne volonté et l'entente, nous pouvons relever cette pente afin de bâtir une société où chacun sera à mesure de jouir de ses propres droits en toute bonne liberté.

Mardochée KAMASI, UCGB, G3philo.

LA LIBERTE CHEZ JEAN-PAUL SARTRE.

« Ma liberté me rend capable d'apprécier exactement ce qui est clair afin de rejeter ce qui est obscur, sombre, flou. Elle me permet de me réaliser en toute plénitude de mon être en me permettant de me comporter conséquemment dans ma société »[22]. L'homme est condamné à être libre, à vivre de façon épanouie dans son milieu. Pour parler de la liberté, Sartre réunit ou met ensemble quelques concepts qui se tiennent et vont de pair. Ces concepts sont : la conscience, la responsabilité, la totalité, le néant, l'être… Dans le présent travail, il sera question d'expliquer quelques concepts qui ont permis à Sartre d'aboutir à l'affirmation d'une liberté inconditionnée et absolue de l'homme. Comme nous pouvons le constater, notre travail se base sur la conception sartrienne de la liberté, ce concept qui est parmi tant d'autres qui éprouvent des difficultés pour maintes personnes.

Nous avons ainsi subdivisé le nôtre en deux points. Dans le premier, il sera question de parler de la liberté chez Sartre de façon générale, la façon dont il la conçoit tout en explicitant de temps en temps nos concepts du départ. Dans le second, nous allons démontrer l'absoluité de la liberté comme selon la conception de Sartre.

1. Généralités sur le concept liberté selon Sartre

« La liberté n'a pas d'essence. La définir reste une véritable aporie fondamentale bien que cela ne la rende pas impossible »[23]. Pour aborder notre point, nous partons de cette phrase de son livre L'être et le néant où il exploite complètement le concept de liberté.

En effet, c'est en agissant selon soi-même que l'homme se dévoile en tant qu'être libre. La liberté est une valeur descriptible et descriptive de l'homme par les actes qu'il pose et, l'acte du choix formant la négation de la liberté[24], celle-ci est inhérente, enracinée ou encrée dans l'homme. Par la réalité humaine, la liberté vient au monde et aux hommes[25]. On ne parle de la liberté sans recourir à la conscience, elle est à la base de toute liberté. Cette conscience est celle humaine qui permet aux hommes d'agir librement en opérant des choix incontestables pour l'acte à poser, raison pour laquelle il dit : « toute la conscience humaine se

[22] E. MENSAH, *L'universalité du concept de liberté selon Sartre. Analyse de trois préfaces d'œuvres tiers-mondistes*, Canada, Saskatchewan, 2020, p. 14.
[23] J.-P. SARTRE, *L'être et le néant*, Paris, Gallimard, 1943, p. 490.
[24]Cfr. *Ib.*, p. 443.
[25] Cfr. *Ib.*, p. 493.

base sur l'autonomie du choix à faire pour l'acte à poser »[26]. Quand on agit consciemment, il est à savoir qu'il y a des conséquences qui suivent ou viennent après chaque action.

La responsabilité permet à tout homme qui se dit libre d'assumer sa condition, son action et affronter tout ce qui lui revient comme risque ou danger pouvant porter atteinte à sa personne puisqu'il agit librement. En clair, disons que Sartre pense que la liberté implique, outre la conscience, la responsabilité des actes posés et, comme être contraint à être libre, l'homme ne doit agir qu'en suivant ce que lui demande sa raison tout en se responsabilisant pour ses propres actes. Ici, notre philosophe explicite en affirmant que : « l'homme est un être qui est ce qu'il se fait de soi d'après son projet et son action »[27]. La responsabilité fait de l'homme cet être capable d'être à la hauteur de ce qui lui arrive parce qu'il a agi librement sans subir une quelconque contrainte.

« Dieu ne me laisse pas jouir de mon existence en toute sa plénitude, il m'aliène et son existence étouffe complètement ma liberté »[28]. Pour Sartre, la liberté doit refléter un caractère plein, total. Or, l'existence de Dieu étouffe ma liberté, elle ne me permet pas d'être tout à fait libre. Donc, il me faut juste supprimer ce Dieu afin de me réaliser pleinement. Sartre estime que Dieu et liberté sont deux concepts complètement incompatibles car, admettre l'existence de Dieu risque de conditionner la liberté alors que lui prône une liberté inconditionnée, totale, sans contrainte. A part Dieu, il pense aussi que toute personne qui étouffe la liberté de son semblable doit être prise pour un salaud (nous y reviendrons au second point).

La conscience a un pouvoir et joue un grand rôle important dans le choix que l'homme porte sur telle ou telle autre chose en tant qu'être libre. Ce choix libre concerne les actes qui prouvent l'existence de l'homme en tant qu'être-pour-soi. Sartre distingue alors deux modalités de l'être à savoir, l'être-en-soi qui est l'être inconscient de son existence renvoyant aux choses, aux objets et l'être-pour-soi qui est un être qui existe et est conscient de son existence, être libre et responsable, c'est l'homme. A ces deux modalités de l'être s'ajoute une troisième qui n'est pas vraiment considérée comme modalité mais qui l'est pourtant. Il s'agit de l'être-pour-autrui.

---

[26] J.-P. SARTRE, *O.c.*, p. 378.
[27] M. SPINOZA, *Interprétation de Sartre sur la théorie du déterminisme causal*, Paris, L'Harmattan, 2006, p. 12.
[28] H. LOVE, *La philosophie de A à Z*, Paris, Hatier, 2011, p. 311.

En somme, pour Sartre, est libre : cet homme conscient de son existence, responsable de ses actes, être-pour-soi et celui qui refuse l'existence d'un quelconque Dieu de peur qu'il conditionne sa liberté.

2. La liberté absolue de l'homme

Pour Sartre, l'homme est un être libre. Et comme nous l'avons dit plus haut, et il est condamné à être libre, en le devenant sans cesse. Il n'a donc pas d'essence préétablie à laquelle il appartient de donner sens à sa vie. Il est libre de toute pression extérieure mais aussi de lui-même. C'est au nom justement de cette liberté absolue que Sartre refusera l'existence d'un Dieu, comme sus évoqué, qui serait le Créateur de l'homme et qui, de ce fait, priverait à l'homme son caractère de « pour-soi ».

Partant de sa mission sur terre de vivre en homme totalement libre, notre auteur pense que la réalité humaine est néant parce qu'elle n'est pas mais devient ou doit sans cesse se faire. Cette réalité est donc dynamique et doit permettre à l'homme de se réaliser pleinement en tant qu'être absolument libre. Dès lors, dire que l'homme est absolument libre, c'est affirmer qu'il n'est pas libre de choisir la liberté ou pas mais qu'il est condamné à l'être car, il doit nécessairement choisir la liberté, et ce choix est toute une contrainte pour lui[29].

L'homme doit être libre et sa liberté ne doit être conditionnée par personne. Toute personne de mauvaise foi qui transforme autrui en chose inférieure afin de se poser en essence supérieure nie aussi bien sa propre liberté que celle de l'autre. Sartre le nomme par *salaud.* Il s'oppose farouchement à cette personne en pensant non seulement à sa propre liberté mais à celle de l'autre aussi. Voilà pourquoi il dit : « je ne puis être libre si l'autre ne l'est pas. Ma liberté commence là où s'arrête celle de l'autre »[30].

Ce travail a été un exercice de compréhension de la pensée de Jean-Paul SARTRE sur ce qu'il comprend par liberté. Ledit travail était subdivisé en deux points. Dans le premier, qui s'intitule Généralités sur le concept liberté selon Sartre, nous avons énuméré quelques concepts qui aident Sartre à aborder le problème de la liberté et, dans le second intitulé Liberté absolue de l'homme, nous avons montré l'absoluité et la totalité de la liberté de la personne humaine. La liberté de l'homme est toujours conditionnée par l'autre.

Jovdi KAMA KAMA L1philo.

[29] Cfr. J.-P. SARTRE, *O.c.*, p. 360.
[30] J.-P. SARTRE, *O.c.*, p. 376.

LA RÉVOLUTION COMME NOUVEAU PARADIGME SOCIO-POLITIQUE EN RD CONGO.

Que la République Démocratique du Congo soit dotée de potentialités innombrables ne souffre d'aucun doute. Elle représente sans conteste une *réserve naturelle*. Cependant, les conditions dans lesquelles se trouve le peuple, la misère dans laquelle il végète, nous place devant un paradoxe alarmant. C'est un Congo où la faim est sans fin au dire de Cléophas NKETO ou un Congo où la paix sans pain et le pain sans paix sont plus que jamais devenus une problématique où il faut expliquer l'ontologie du vide et du désespoir, selon Frédéric KINKANI[31]. Devrions-nous, de ce fait, conclure à la gérance irresponsable du politique congolais ? Y aurait-il une voie de sortie de cette misère apparemment endémique ? Nous tenterons d'y répondre dans les lignes qui suivent.

LA POLITIQUE, UN JEU DE CACHE-CACHE ENTRE ADULTES EN RDC

La clé de voûte de toute l'affaire repose sur le constat amer d'un paradoxe alarmant dans lequel s'embourbe le Congolais dont la cause est ce que nous appelons la «*politique des mêmes noms*»[32]. On peut légitimement se poser la question de savoir pourquoi les mêmes mains dirigent à la tête du pays. Est-ce par ce qu'ils (métonymiquement parlant) dirigent suivant la norme politique ou assurent-ils convenablement leurs fonctions ?

Nous répondons par la négative d'autant plus que plus d'un demi-siècle aujourd'hui, il y a un décalage entre l'être et le devoir-être, entre le dit et le fait. Une véritable contradiction logique entre ceux qui détiennent le titre de grand pacificateur ou ceux qui chantent l'Etat de droit, et ce qui résulte de leurs actes : Les guerres intenses à l'Est du pays, l'insécurité alimentaire, les soins de qualité très difficiles, l'éducation quasi inexistante ou carrément enterrée, l'existence d'un État de droit démocratique purement théorique (formel), une démocratie introuvable dans les faits, etc. On voit par là comment

[31] F. KINKANI MVUNZI, *Paix sans pain et pain sans paix. Problématique d'une ontologie du vide et du désespoir en Afrique*, dans Philosophie et tradition sapientielle africaine. Hommage au professeur Dominique Kahang'a Rukonkish, C. ONZANKOM (dir.), Paris, L'Harmattan, 2019, p. 141.

[32] Un véritable cercle vicieux, un statuquo qui s'observe par le fait que depuis l'accession de notre pays à l'indépendance, ce sont presque ***les mêmes noms*** qui reviennent à la sphère politique nationale et provinciale, mais qui finalement, ne changent en rien la situation misérable dans laquelle vivent des nombreuses populations.

ces *mêmes noms* qui dirigent le pays, de prêt ou de loin, directement ou indirectement demeurent des causes exogènes et endogènes de la crise qui sévit au sein de notre pays.

Depuis un moment, l'opinion publique a fait croire que le Congo-Kinshasa est une affaire d'un clan ou d'une ethnie (1ère hypothèse), soit que le Congo-Kinshasa serait une royauté où le pouvoir devrait passer du père au fils (2ème hypothèse), soit encore et surtout, on assiste à un jeu de cache-cache entre adultes (3ème hypothèse); c'est-à-dire, lorsqu'on se trouve en fin mandat on cherche à se coaliser avec les candidats favoris qui, probablement, pourront prendre la relève, soit on se trouve des siens au sein de ceux qui sont « idiotement élus »[33]. C'est l'état d'un bébé qui séjourne à l'état de nature et a du mal à lâcher un gâteau tenu entre ses mains, quand bien même il vient à s'endormir. Le politique africain, en l'occurrence le politique congolais, est en mal de lâcher le pouvoir.

Il nous semble que tout le problème se trouve contenu dans ce qu'écrivait HAMPATE BA : « Si l'homme que l'on appelle au pouvoir, une fois au pouvoir, ne voit plus que l'idée même de rester au pouvoir, alors il fera tout pour s'y maintenir, car, une fois que l'on est monté très haut, et qu'on regarde en bas, surtout si on est vraiment monté très haut, on a le vertige. Alors, on s'accroche là-haut, et on perd sa personnalité. Il faudrait, continue HAMPATE BA, que celui qui a pris le pouvoir, qu'il soit président ou roi, ait surtout à cœur, l'exploitation des compétences dans l'intérêt de son pays »[34]. La pensée d'HAMPATE BA reste actuelle car, relativisant les débats sur l'organisation de la politique par les partis, il attirait l'attention sur les passions individuelles, en particulier, sur la passion du pouvoir, comme poursuite de la puissance pour la puissance, source des calamités, quelque efficace que soit le système politique qu'un peuple adopte. Le philosophe Eboussi Boulaga estime pour son compte, que la racine du mal africain réside dans le ventre. L'auto protection uniquement centrée sur les besoins biologiques ruine l'aptitude de la volonté au courage d'être responsable de la vie de l'autre. C'est tout un paradigme congolais en crise. Mais que faut-il faire pour sortir de cette impasse ? Une « révolution » paraît la perspective prometteuse. Nous optons pour la réforme et le renouveau du Congo, un Congo fort et prospère. Elle est l'une des voies de sortie de notre

---

[33]Nous utilisons cette expression pour désigner, ceux et celles d'entre les dirigeants politiques, parvenus au pouvoir par le moyen frauduleux, subreptice, immoral, de la corruption, du vol, de l'instrumentalisation de l'organe compétent d'élection, la CENI. L'exemple concret est celui des parvenus, des arrivistes des élections de 2018 en République Démocratique du Congo.

[34] HAMPATE BA, *Tradition et modernisme en Afrique Noire, Rencontre internationale de Bouake*, Paris, Seuil, 1965, p. 247.

pays des impasses dans lesquelles il est plongé depuis des décennies. Voie de sortie dans la mesure où l'on la comprend comme transformation complète de la société.

UNE REVOLITION POUR LA REPUBLIQUE

Nous sommes loin de prôner une révolution comme renversement brusque d'un régime politique *par la force.* La révolution vue sous cet angle exige assez des moyens, et elle ne peut être envisagée en ce siècle de la modernité, surtout pas dans un Etat de droit qui repose sur la force de la loi et non sur la loi de la force.

Par révolution, entendez le changement de la classe politique ancienne, par le truchement des désignations. Nous nous inspirerons des révolutions françaises et américaines qui, nous le savons, ont amené à la liberté publique pour la France, et au bonheur de tous pour l'Amérique. Cette idée est bien exprimée quand Hannah Arendt souligne que « ce qui en France était une passion et un goût, était de toute évidence une expérience en Amérique, différence rendue sensible par le langage : là où les français disaient la liberté publique, les américains disaient bonheur public »[35].

Mais qu'est-ce qui a conduit ces deux peuples et nous conduit nous aussi aujourd'hui à vouloir postuler « la révolution » comme voie de sortie de notre pays ? Ainsi que le souligne une fois de plus Hannah Arendt, l'idée de révolution surgit du fait que le peuple subit « la tyrannie (une tyrannie sournoise dans la démocratie congolaise) qui est la forme de gouvernement où le dirigeant gouverne selon son plaisir et ses propres intérêts, allant ainsi à l'encontre du bien-être privé des gouvernés et de leurs droits civiques légitimés »[36]. Dans le contexte qui est le nôtre, le peuple veut sortir de ce que nous avons ci-haut appelé *la politique des mêmes noms.* C'est un véritable carcan qui a pris le peuple congolais en otage et continue à fonctionner au sein des structures mères de nos institutions. Partant, il ne fait l'ombre d'aucun doute que le peuple congolais veut absolument acquérir ce qui lui manque, à savoir la liberté qui « est cet unique droit originaire revenant à l' homme de par son humanité »[37], élément que les révolutions précitées avaient en commun, qu'elles ont revendiquée et obtenue. Que certains noms disparaissent de la sphère publique politique de notre pays, notamment ceux qui ont déjà doublé, voire triplé selon le suffrage universel prévu par la loi. Cette révolution est rythmée

[35]H. ARENDT, *Essai sur la révolution*, Paris, Gallimard, 1967, p. 171.
[36]H. ARENDT, *Essai sur la révolution*, p. 188.
[37] E. KANT, *Métaphysique des mœurs. Première partie : doctrine du droit,* Paris, J. vrin, 1979, p. 111

certes par une rationalisation moraliste, car « la rébellion instinctuelle ne deviendra une force politique que le jour où elle ira de pair avec la rébellion de la raison et se laissera guider par elle. (…) la puissance de la raison théorique et de la raison pratique étant mobilisée au profit du changement ». [38]

QUEL CONGOLAIS POUR LE CONGO

Après que ce changement est réalisé on peut s'assurer que le problème est à moitié résolu et qu'il y a risque de faire la marche-sourde. Nous devons nous référer au principe selon lequel quand on a retiré l'un, il faut le remplacer par l'autre. Nous allons nous donner à la gymnastique de montrer le prototype du dirigeant politique et capter la trajectoire à suivre.

En effet, comme le souligne le philosophe Thomas Samuel Kuhn, il y a révolution d'un paradigme lorsque le paradigme en place traverse une crise, et qu'il ne peut plus de ce fait répondre aux exigences complètes de scientificité. Il faut de toute urgence le remplacer. Nous utilisons cette image forgée par Kuhn pour montrer que notre pays est en crise de paradigme. Imposture, flatterie, démagogie, fausse communication, des biens du pays mal acquis, le détournement des deniers publics : c'est la situation présente du Congo ; c'est la réalité d'un État sans morale à prêcher dont les qualités sont à peine remarquables. Cette crise est sans antécédent, puisque la situation remonte aux origines. L'urgence s'impose de changer de paradigme au Congo. Il est temps que la médiocrité, l'incompétence et l'amateurisme propres aux systèmes actuels, quittent le pouvoir et cèdent ainsi à la méritocratie et à la compétence. C'est à cette condition que nous pouvons et voulons réinitialiser le Congo. De là surgit une question assez cruciale : Qui gouvernera le Congo ?

Loin d'une réaction hâtive et non dosée, la réponse saute aux yeux, que le pouvoir revienne au peuple, selon que notre pays fonctionne sur le système démocratique. Cela étant, nous admettons que « le but de la révolution est et a toujours été la liberté »[39]. Sous cet angle, on peut affirmer que la liberté dans la politique est une structure des institutions ou encore un système des règles publiques définissant des droits et devoirs. D' autant plus qu'aux antipodes de la tyrannie et de l'oligarchie, la démocratie est le régime politique qui reconnaît le primat du peuple dans la société. Elle déplace le débat dans la

[38] H. MARCUS, P. 163

[39] H. ARENDT, *Essai sur la révolution*, p. 10.

mesure où le peuple a le monopole d'instituer des hommes qui dirigent en son nom et de les destituer au cas où, comme pour le cas sous examen, ils ne répondent plus aux aspirations du peuple ou aux prescriptions légales. Dans cette perspective, la démocratie peut être conçue comme le régime dans lequel le peuple demeure le souverain et participe à la discussion commune. C'est un régime où la participation est assurée par un nombre toujours plus grand de citoyens. De plus, « la démocratie est l'instauration d'une égalité réelle et politique entre les citoyens »[40]. Cela implique les conditions humaines identiques entre les sujets sociaux, conditions basées sur le dialogue et inspirées par l'égalité. Tant est vrai que l'égalité forme avec la liberté et l'indépendance les principes sur lesquels doit être instituée la constitution républicaine, « seule constitution résultant de l'idée du contrat originel, sur laquelle doit nécessairement être fondée l'organisation juridique de tout peuple ».[41]

Telles sont les vertus que doit incarner le chef d'Etat de l'après-révolution. Eliminer les envies égoïstes pour l'intérêt de tous serait l'unique besoin nécessaire de tout Congolais, et surtout de celui qui dirige, à quelque niveau que ce soit. Ainsi le peuple congolais sera lui-même protagoniste de son décollage.

DE LA RESPONSABILITE DU PEUPLE.

Le paisible citoyen ne doit être nullement mis à l'écart dans cette entreprise révolutionnaire. Pour y parvenir, il est bon que les différentes responsabilités soient savamment connues de tous et convenablement départagées. Si de leur côté les politiques ont pour tâche de mettre au premier plan l'intérêt du pays, et qu'ici la révolution entend démolir l'ancienne classe politique, vieille et incapable, la part des citoyens est d' épouser et incarner les idéologies des Lumières qui ont été l'instigation et le focus même de deux grandes révolutions mondiales.

Les Lumières, « *c'est la sortie de l'homme hors de l'état de tutelle (minorité) dont il est lui-même responsable. L'état de tutelle* est l'incapacité de se servir de son entendement sans la conduite d'un autre. On est *soi-même responsable* de cet état de tutelle quand la cause tient non pas à une insuffisance de résolution et du courage de s'en

[40]M. BITUMBA BIAL, *Politique et dialogue : pour une reconsidération de l'altérité,* in Raison Ardente (Mars 2009), n°81, p. 34.

[41] E. KANT, *pour la paix perpétuelle. Projet philosophique,* Lyon : presses universitaires de Lyon, 1985, p. 57

servir sans la conduite d'un autre. *sapere aude !* Aie le courage de te servir de ton *propre* entendement ! Voilà la devise des Lumières[42]. La nécessité de reproduire textuellement cette définition que nul philosophe n'ignore, vient du fait que chaque Africain, le Congolais en particulier, se rende compte du rôle qu'il doit assumer dans la vie politique et sociale. Il importe de quitter le stade passif qui n'aide pas à user de sa raison et de sa liberté, si ce n'est par les moyens autres que l' argent ; ne pas se garder de dénoncer le mal et de regarder la réalité en face, dire non et savoir critiquer tout en fustigeant avec la dernière énergie tout discours démagogique, etc. Tel est le point de mire que l'on doit rechercher de haute lutte. Pour une révolution de palais savamment menée, il importe que le peuple se prémunisse de quelques atouts de peur qu'on ne s'écrie qu'avant est égale à l'après révolution. Il s'agit de s'approprier de cette lutte conduite par les Lumières.

Si la grande responsabilité des gouvernants dans la déliquescence du pays a été établie, le peuple n'est pas pour autant à épargner. Il doit demeurer éclairé, car la rengaine de ce travail le prépare à la révolution ou au changement. Cette avant-révolution est la première, qui est une auto révolution, pendant laquelle il se fait une révolution mentale (c'est le changement de mentalité), du côté du peuple. Il doit être à même de se servir courageusement et librement de sa raison. Tel est le combat des Lumières.

Aux approches des élections démocratiques dans notre pays, cette réflexion philosophique voudrait attirer notre attention sur la manipulation politique des organes organisateurs, mais aussi du peuple, lequel se trouve abandonné à son triste sort. Il n'est pas excessif d'affirmer que le peuple congolais est invisible socialement.

C'est pourquoi nous lançons cet appel fort qu'aucune campagne de démobilisation ne puisse faire écran à la souveraineté populaire. L'objectif 2023 c'est de doter la République Démocratique du Congo des institutions légitimes, en théorie et en pratique. Le changement aujourd'hui s'appelle incontestablement *Révolution*, en ce qu'elle se veut comme un nouveau paradigme politique en RD Congo. Il ne s'agit pas de la révolution à la manière française ou américaine; il est plutôt question de la restructuration authentique de la classe politique congolaise en débutant par chasser cette politique des *mêmes noms* qui s'est imposée comme *paradigme-modèle* pendant tant d'années et a asservi jusqu'à rendre le peuple congolais invisible. Il est bien temps que la population

---

[42] E. Kant, *Vers la paix perpétuelle. Que signifie s'orienter dans la pensée ? Qu'est-ce les Lumières ?*, Paris, Flammarion, 2006, p. 43

congolaise prenne conscience de sa situation et dénonce tous les crimes obsédants et cruels dont elle est victime. Tant que le peuple ne se lèvera pas pour briser, brûler, casser et renvoyer définitivement cette classe par le moyen de la révolution du changement de paradigme, la misère continuera. Car les anges ne descendront sûrement plus du ciel pour que les médiocres dégagent, au dire de Laurent MONSEGWO. Le peuple congolais doit cesser d'être complice de sa propre misère et porter haut sa lutte pour le changement dans son pays. Pour un tel changement, chacun d'entre nous a un rôle important à jouer pour bâtir un CONGO nouveau. Le mien vient d'être fait, à votre tour cher/chère lecteur/lectrice.

TSUMBI Kawel

Étudiant en philosophie à l'Université Catholique du grand Bandundu.

L'ORDRE SOCIAL ACTUEL EXPLIQUE AUX JEUNES CONGOLAIS

(EN ESPERANT UN REVEIL DE LEUR PART)

Certains siècles du monde ont été marqués par des grandes révolutions pour la dignité, la liberté, le bonheur de l'homme. Il s'agit notamment de la révolution américaine des années 1776, de la révolution française de 1789, l'abolition de l'esclavagisme et de la traite negrière, et des grandes luttes de certaines personnalités africaines contre la traité negrière, l'esclavage, et la colonisation. De nos jours, certains articles de la Déclaration de l'ONU rentrent dans cette perspective de la valorisation de l'homme et de sa dignité, il s'agit de son premier article qui proclame : « Tous les êtres humains naissent libres et égaux en dignité et en droit. Ils sont doués de raison et de conscience et doivent agir les uns envers les autres dans un esprit de fraternité. » Et l'article 3 stipule : « Tout individu a droit à la vie, à la liberté et à la sécurité de sa personne».

Cependant, depuis des années nous assistons à un « nouvel ordre social », il s'agit d'un ordre des inégalités et d'injustices. Comme l'indique le professeur KALELE Ka-Bila, il s'agit d'un véritable monde de Basusu na bisengo, Basusu na mawa (les uns sont heureux, et les autres malheureux).

En effet,

a. Nous trouvons d'un côté ceux à qui tout est permis, qui sont au-dessus de la loi, et ceux à qui la loi s'applique à la lettre.
b. Dans ce même ordre, nous trouvons d'un côté des personnes mutilées, violées et violentées, tuées innocemment et gratuitement à l'Est du pays, nous trouvons d'un autre côté des gens qui s'enrichissent grâce à cette guerre, qui vendent les richesses du pays pour bourrer leurs comptes, s'offrir des appartements 4 étoiles.
c. Nous trouvons d'un côté une minorité des personnes qui est en forme, en très bonne santé, celle que la faim respecte, et d'un autre côté ceux dont il ne reste plus que des os, des simples squelettes en marche et bons pour des cours d'anatomie, ceux que la faim menace chaque jour, ceux qui n'ont rien à manger chaque jour, dorment et se réveillent affamés, ceux qui trouvent leur nourriture dans des poubelles, le vol...
d. Nous trouvons d'un côté ceux qui savent, sans difficulté, envoyer leurs enfants à l'école et les faire soigner facilement, et de l'autre ceux qui ne peuvent rien pour leurs enfants.

e. Nous trouvons d'un côté ceux qui ont des chambres confortables, des maisons luxueuses pour leur repos, de l'autre ceux qui n'ont pas où reposer la tête, ceux qui sont exposés au froid de la nuit, ceux qui profitent chaque jour des deuils, des fêtes pour fermer l'œil.
f. Nous trouvons d'un côté ceux qui manipulent chaque jour de l'argent, des millions, des milliards, de l'autre ceux qui ne savent même pas toucher de leurs mains de l'argent, pour l'avoir ils doivent se prostituer, corrompre, voler et menacer ; ceux dont la moyenne de vie par jour est pratiquement en-dessous de 1 dollars, on dirait qu'ils sont très détestés par l'argent. C'est triste, et dramatique !

Ce travail explique aux jeunes congolais à qui, comme l'indiquait Franz Fanon reprenant le discours d'aimé Césaire sur le colonialisme, on a inculqué savamment la peur, le complexe d'infériorité, le tremblement, l'agenouillement, le désespoir[43], l'ordre social actuel, en espérant un réveil de leur part en vue du changement.

L'ordre social actuel n'est pas tombé du ciel, il est une œuvre des mains de l'homme

Plusieurs enjeux occasionnent cet ordre social : la politique économique du FMI (Fonds monétaire international ; Notre faiblesse économique ; Nos propres manières économiques et la surexploitation capitaliste.

Ière Explication : La dette et la faim (La politique économique du FMI)

Le Fonds monétaire international intervient très souvent pour concourir à la stabilité des pays sous-développés, en termes d'AIDE, les conséquences socio-économiques, en revanche, sont déplorables et destructrices.

En effet, son système d'endettement mis en place est à la base de la misère d'une multitude de peuples. Les pays endettés deviennent régis par les lois politique, économique et sociale dictées par le Fonds monétaire international. Signalons également, l'imposition des réductions des dépenses dans les secteurs tels que la formation, l'éducation, la santé sont les caractéristiques des procédures propres au Fonds monétaire international. Les gens modestes, sont ainsi victimes de cette contrainte, les gouvernants ne sont pas atteints car leurs enfants étudient, se font soigner dans des collèges, des hôpitaux européens.

Par conséquent, une multitude d'enfants et des hommes congolais meurent de faim et de maladies liées à la sous-alimentation pour que des devises en quantités suffisantes soient

[43] Franz Fanon, *Peau noire masques blancs*, Paris, Éditions du Seuil, 1952, p.7.

consacrées au service de la dette. La dette, qui engendre la faim, est ici une des armes de destruction massive mises en place par le Fonds monétaire international, et les multiples sociétés transcontinentales.

En somme, notre pays s'adresse régulièrement au FMI, par manque des capitaux, pour un redressement de nos situations économiques. Mais le FMI emploie des conditions extrêmement discriminatoires. Les conditions évoquées ci-dessus peuvent être résumées en ces termes :

- L'obligation pour les pays africains, de procéder les plus tôt possible, à la dévaluation de leur monnaie au taux fixé par le FMI, ainsi que de laisser à tout commerçant l'entière liberté de fixer, comme il entend, les prix de ses produits, particulièrement des produits importés ;
- L'obligation pour les gouvernements des pays africains, de procéder au licenciement massif de ses travailleurs nationaux ; de ne point augmenter les salaires de ceux qui restent, l'obligation de payer davantage des impôts et des taxes, la suppression de certaines dépenses dans la santé, l'éducation, l'agriculture.

Par ailleurs, la dette fait suite, sans transition à l'époque coloniale. La violence subtile de la dette s'est substituée à la brutalité visible du colon. De plus, il convient de signaler que la dette profite à deux types de personnes : d'un côté les créanciers du Fonds monétaire international, et nos gouvernants de l'autre. Les créanciers pour sa part, imposent certaines conditions susmentionnées. Les dirigeants de notre pays virent la grande partie des emprunts obtenus pour le renforcement des activités sociale, politique et économique de leurs pays dans leurs comptes personnels. Autrement dit, c'est avant tout sur les crédits versés au trésor public par le Fonds Monétaire international que les ministres, les généraux et autres fonctionnaires prélèvent les sommes qu'ils transfèrent, ensuite sur leurs comptes personnels. Ce qui laisse comprendre le fait que les gouvernements sont formellement établis au pouvoir, mentalement et économiquement en totale dépendance des créanciers étrangers, et même des sociétés transcontinentales.

Les peuples de pays pauvres se tuent au travail pour financer le développement des pays riches. Le Sud finance le Nord, et notamment ses classes dominantes. Le plus puissant des moyens de domination du Nord sur le Sud est aujourd'hui le service de la dette. Les flux de capitaux Sud-Nord sont excédentaires par rapport aux flux Nord-Sud. Les pays pauvres versent annuellement aux classes dirigeantes des pays riches beaucoup plus d'argent qu'ils n'en reçoivent d'elles, sous forme d'investissements, d'aide humanitaire ou d'aide dite au développement. Point n'est besoin de fouet du colon en culotte et chemise enfilée, de mitrailleuses, de napalm, de blindés pour asservir et soumettre les peuples : la dette, aujourd'hui, fait l'affaire.

2ème Explication : Notre faiblesse économique

Nos dirigeants courent en permanence après le Fonds monétaire international, et même après certains gouvernements occidentaux et asiatiques pour emprunter de l'argent, par manque d'une économie forte et stable. Mais également à cause des avantages personnels d'ordre financier, politique et diplomatique qu'ils peuvent en tirer. Nos dirigeants politiques ont une totale dépendance vis-à-vis des structures occidentale par peur de perdre leurs postes et même leurs vies.

3ème Explication : Nos manières économiques et la surexploitation capitaliste

Notre faiblesse économique qui nous rend mendiant, ne trouve pas ses causes comme l'argumente des « spécialistes » dans un manque de ressources, son inexploitation, une faible compétence. Non, par pitié, oubliez ça! Nous constituons un véritable scandale géologique et agricole, et toutes les richesses sont depuis la colonisation suffisamment exploitées. Les racines de notre mendicité sont à chercher ailleurs. Notamment dans nos propres manières ou politiques économiques et dans la surexploitation capitaliste.

Pour le professeur KALELE, que nous avons lu avec admiration, nos propres politiques se caractérisent par la renonciation à de l'argent qui nous revient de droit, le refus d'avoir de l'argent, l'utilisation à des fins personnelles du peu d'argent que nous avons provenant des nombreux sacrifices de la misérable population.

Nous passivité face au détournement d'argent, le privilège accordé aux hommes d'affaire venant d'ailleurs qui le dispense des taxes, des impôts, des droits de douane à la sortie et à l'entrée de leur marchandise, des sommes d'argent qui pouvaient remplir nos caisses.

Et comme si cela ne suffisait pas, nos dirigeants aiment recruter une main d'œuvre occidentale, en lieu et place des champions locaux, l'illustration de travaux de construction est probante. Les nôtres se contentent des salaires de misère, du chômage permanent. A tout ceci s'ajoute l'impunité des détourneurs de sommes d'argent qui appartient à tout le peuple. Et la corruption! Tout peut s'acheter au Congo : une décision judiciaire, un titre universitaire, un diplôme scolaire, une carte d'identité, un permis de conduire, un passeport, une tâche politique, une promotion administrative, un titre foncier, un certificat de naissance, une attestation de bonne vie et mœurs…

La surexploitation capitaliste : Nos sols et sous-sols ne sont nôtres que de nom, ils sont pillés sans gêne par des étrangers, des firmes internationales, et même certaines nations étrangères. Chacun reçoit en toute impunité son juteux morceau.

Chaque fois que vous discutez sur le téléphone portable, la voiture électrique, la batterie lithium-ion! Pensez au Kivu, et à toutes ses femmes violées et violentées, ses enfants vivant avec des mouches dans leurs bouches, les hommes sans espoir du lendemain... Le Kivu, c'est une région merveilleuse de savanes et de lacs qui s'étend au pied des chaînes volcaniques du massif des Virunga, dans l'est du Congo. Là, dans les enclaves minières gardées par des miliciens lourdement armés, les sociétés privées exploitent le coltan. Ce minerai, aujourd'hui plus précieux que l'argent et l'or, est utilisé pour les carlingues d'avion, les téléphones portables et mille autres objets essentiels pour les habitants des pays industriels. Seul problème : l'accès à ce minerai est particulièrement difficile, les puits sont parfois si étroits que seuls peuvent y descendre des enfants au corps frêle. Les veines de coltan sont situées à 10 ou 20 mètres sous la terre.

La roche est friable, les éboulements, nombreux. Les enfants sont alors enterrés vivants, étouffés dans les puits. Les recruteurs de main-d'œuvre pour les seigneurs de ces mines sillonnent inlassablement les villages du Nord-Kivu pour enrôler des enfants. L'enfer des mines est bien connu dans toute l'immensité de l'est du Congo. Les mères le connaissent, les enfants entre 10 et 12 ans aussi. Ils tremblent de peur à l'évocation des puits. Au Kivu sévissent la faim, la guerre civile, le pillage par les miliciens, le vol des récoltes de manioc, etc. Beaucoup d'enfants savent que leur descente dans la mine constitue la seule chance de survie pour leur famille. Malgré la terreur que leur inspire le tunnel étroit, la plupart de ces jeunes garçons et des filles suivent le recruteur des mines…

Et dans tout ça, l'Etat n'arrive toujours à maintenir l'ordre et la paix dans cette partie du pays. Le coltan est chargé sur des camions immatriculés au Rwanda, qui passent la frontière – appelée « la grande barrière » – à Goma, rejoignent Ruhengeri, puis Kigali ; ils quittent ensuite le Rwanda, entrent au Kenya et atteignent, sur les bords de l'océan Indien, le port de Mombasa. De là, le précieux chargement rejoint les marchés industriels du Japon, de la Chine, de l'Europe, de l'Amérique du Nord. La mainmise de Glencore, Freeport-McMoRan, Rio

Tinto et d'autres sociétés transcontinentales privées prend dans l'est du Congo des formes multiples. Ainsi, Glencore exploite également d'immenses mines de cuivre. Le système est différent pour le coltan : de petites sociétés locales extraient le minerai. Des intermédiaires le rachètent et le revendent à la Gécamines, la Société générale des carrières et des mines appartenant à l'État congolais – et très corrompue. Celle-ci revend les minerais aux sociétés transcontinentales privées.

Ce pillage ne s'organise nullement par tous ces étrangers uniquement, car l'ordre mondial du capital financier ne peut fonctionner sans l'active complicité et la corruption des gouvernements en place. Walter Hollenweger, pasteur à Zurich, résume ainsi cette situation : « La cupidité obsessionnelle et sans limites des riches de chez nous, alliée à la corruption pratiquée par les élites de nombre de pays dits en voie de développement, constitue un gigantesque complot de meurtre. [...] Partout dans le monde et chaque jour se reproduit le massacre des innocents de Bethléem. »

Par conséquent, ils sont en très bonne santé, ils ont de l'argent, et leurs enfants profitent d'une très bonne éducation, et nous sommes des simples squelettes en marche, très appréciés pour le cours d'anatomie. Et nous sommes amenés a voler, à tromper, à tuer, à se prostituer pour avoir de quoi survivre.

L'ordre social actuel doit être détruit, il faut le changer

1ère Explication : L'aide ne peut développer aucun pays, elle n'a jamais développé un pays, elle ne pourra jamais développer un pays

Le rapport qui relie un pays avec un autre, n'est rien d'autre qu'un rapport d'intérêt. Notre pays doit en être conscient, et nos gouvernants doivent au lieu de privilégier leurs intérêts, privilégier celui de tous les congolais. Il nous faut un « new deal » dans nos rapports avec les autres, win-win, égal à égal. L'aide n'existe pas, c'est une question d'intérêt entre les pays, entre les partenaires commerciaux.

Ceci peut se concrétiser que grâce à un gouvernement fort et libre. Pas des gens qui reconnaissent leur circonscription qu'au moment des élections ou des campagnes électorales, qui débarquent au pouvoir sans un projet de société fort et opérationnel, et dont les parcours académiques restent souvent objet des grands débats. Pas non plus, des gouvernants qui sont des simples marionnettes, qui gouvernent au mépris de toute règle constitutionnelle avec le fort appui des pays occidentaux, foulant au pied le droit et le bien-être du peuple.

Des gouvernants qui valorisent et priorisent les inventions, les entreprises de leurs compatriotes, pas ceux qui les étouffent, les broient par des taxes, des impôts, des sous-financements.

2éme Explication : Le changement de l'ordre actuel, et donc notre développement viendra de nous-mêmes, au cas contraire il ne viendra jamais

Nous avons tous perdu confiance en nous-mêmes. Parce que nous avons cru aux phrases : **Tu ne vaux rien, tu es incapable, c'est impossible, que pouvons-nous faire encore le blanc, le chinois a déjà tout fait**...Il y a des immenses forces spirituelles et créatrices en chacun des congolais. Leurs exploitations vont nous aider à trouver par nous-mêmes des solutions à nos problèmes.

Emery Patrice LUMUMBA, l'avait prouvé. De nombreuses innovations sociales, technologiques, culturelles des congolais : la Rumba, la fabrication du téléphone, le robot roulage, les tablettes intelligentes, la transformation en agriculture, en médecine traditionnelle et moderne pour ne citer que ceux-ci prouvent déjà de quoi nous sommes capables, il en faut plus. Nous n'avons pas d'excuse, pas nos plus besoin des longs discours, au travail!

3ème Explication : Le réveil de la jeunesse congolaise

L'ordre social actuel doit être détruit totalement, radicalement, pour que puisse s'inventer une organisation sociale et économique d'un nouveau Congo.

Vous imaginez-vous qu'il aurait été possible aux révolutionnaires français de 1789 d'apporter des réformes aux privilèges sociaux hérités par la noblesse du système féodal ? Pensez-vous que le colonialisme, le système esclavagiste auraient pu être améliorés, rendus conformes aux exigences de la morale la plus élémentaire par quelques touches correctrices ? Ce qui nous est demandé, nous jeunes congolais, c'est la destruction de cet ordre social, son dépassement pour qu'un Congo nouveau plus humain, libre et fort puisse naître.

Une force immense sommeille en nous. Le changement réside dans le refus raisonné de chacun de nous d'accepter durablement un Congo où le désespoir, la faim, la misère, les souffrances, l'exploitation d'une multitude nourrissent le relatif bien-être d'une minorité généralement. Il s'agit de se réveiller, de mobiliser la résistance, d'organiser la lutte.

Il ne s'agit plus des jeunes corrompus, qui rampent servilement devant les hommes politiques pour le « branchement » ou leur survie ; Il n'est plus question des jeunes qui restent passifs face à la situation du pays, et se consolent dans l'alcool, le sexe, et la vilaine musique ; Il n'est plus question des jeunes qui sont bureaucrates, qui, après les études font des milliers des lettre « j'ai l'honneur… » Cherchant du travail, au lieu d'en créer un ou plusieurs. Il ne s'agit plus des jeunes qui sont dans des querelles tribales qui les épuisent et les discrédite.

C'est à nous de prendre conscience de la situation, de se réveiller afin de réfléchir et agir sur notre développement sans mimétisme aveugle des autres mais avec pragmatisme par rapport à nos propres réalités. Entreprendre, et créer des emplois, bâtir un Congo libre, riche et fort.[44]

PAR Beni NGWANZA UCGB M2 philo.

PHÉNOMÈNE KULUNA COMME CRISE ÉCONOMIQUE ET ÉDUCATIVE EN RDC.

D'emblée, dans un État où la guerre est remarquable et la sociabilité n'est pas mise en place, on ne peut guère construire un État stable étant donné que la stabilité étatique est remarquable par la finalisation d'un pouvoir politique. Cette finalisation n'est rien d'autre que la paix, la concorde et la sécurité. Cette paix comme le pense Spinoza n'est pas non seulement l'absence de guerre mais la fermeté de l'âme.

En effet, il n'est pas une chimère de voir les jeunes congolais à une autre posture par ce fameux phénomène appelé phénomène kuluna. Le mot kuluna signifie en clair une bande de hors-la-loi tirant son origine portugais-angolais. En RDC les kulunas succèdent aux pombas qui, jadis étaient l'ancienne appellation de délinquant et depuis les années 2000, ils avaient pour rôle de voler, racketter et blesser avec aisé et couper même les gens ou tuent carrément face à une résistance.

Les kulunas pour eux non seulement voler, ils pillent les biens des autres, violent les femmes, ils blessent les gens en cours de route avec les machettes, les bouteilles, les lames de rasoir, les chaînes de moto et autres instruments pernicieux.

Ce phénomène datte depuis une décennie, et souvent ce sont des jeunes de 18 à 30 au plus qui sont à la base et ces jeunes ne sont pas seulement les illétres comme nous le pensons aussi il y a des intellectuels par surcroît des étudiants.

Cependant, les kulunas pour opérer ses dégâts, ils préfèrent rester dans des coins reculés, sombres, solitaires, et aussi dans des endroits comme ponts, terrassés. Il est ignominieux de constater que vu la cruauté de la part des kulunas n'ont jamais dans beaucoup de cas massacré les hommes d'État comme député, ministres, gouverneur, et j'en passe.

Malheureusement ils attaquent souvent plus les dames, jeunes femmes, les grands-pères, et toutes personnes faibles ayant un sac attirant. Et ils opèrent souvent la nuit et le matin au tour de 3h jusqu'à 5heure. Cela aussi n'est pas une impossibilité de voir les kulunas massacrer pendant la journée et s'entretuent. Leurs endroits de prédilection sont : les deuilles, les fêtes et autres circonstances où il y a beaucoup de gens. Alors souvent nous avons la tendance de connaître les causes de ce phénomène et sur ce, il nous est impérieux de dire que d'une part la famille constitue la cause et d'autres part c'est l'état. Par la famille nous citons la négligence de l'éducation.

LES JEUNES FACE A L'ÉDUCATION.

Soulignons que l'homme qui se situe parmi les autres pour pouvoir vivre a besoin de l'éducation et cette dernière est connue par sa manière d'agir, d'être, de raisonner, de faire et de se comporter. Aucun parent ne peut accepter insulter son enfant « mal éduqué » puisque au préalable cette responsabilité revient aux parents. Gandhi dans son livre intitulé « ***tous les hommes sont frères*** » dira que la véritable éducation consiste à tirer le meilleur de vous-même. Il ajoute que le but de l'éducation n'est pas savoir lire et écrire puisque ce savoir ne suffit pas mais en apprenant à l'enfant un métier manuel pour vue qu'il lui permette de produire quelques choses dès l'instant où il commence à se former.

Quant aux parents, le sens de la responsabilité est de plus en plus négligé dans certaines familles, étant donné que la famille connait bel et bien que notre enfant est un danger pour nous et pour l'état en général. Celle-ci est toujours capable pour la défense. En le défendant on est déjà loin pour le dénoncer. Voilà les causes parmi lesquelles la famille est irresponsable. Si cela étant seulement misère, aujourd'hui la société congolaise ne devrait pas avoir des jeunes talentueux et raisonnables mais souvent, chaque famille à sa manière de voir les choses. En 45%la famille contribue à la déformation de son enfant.

Le travail de l'éducation ne consiste pas seulement à donner un savoir spéculatif à l'enfant à un endroit précis, l'école, la famille et l'église mais quoi que nécessaire elle est aussi une préparation en vue de vivre au sortir de l'école, la famille enfin de devenir un homme responsable, indépendant, libre et éduqué. D'où Dewey dira « l'éducation ne doit pas être une préparation à la vie mais la vie ». C'est-à-dire l'éducation prépare l'être humain dans tous les domaines de sa vie et pour que la génération future n'ait pas de problème.

Les défis de l'éducation de la jeunesse continue même aux seins des établissements notamment dans les humanités et universités. Aujourd'hui dans des différentes universités congolaises la corruption devient un leitmotiv de professeurs. Tout ce qui est académique est vendu à titre illustratif syllabus, TP, TFC, mémoire avec un système selon lequel un TP quelconque est toujours ipso facto obligé de poursuivre le professeur titulaire pour ce qui est communément appelé suivie par les étudiants, sans cette suivie quoi que tu fasses, quoi que tu sois comment tu dois échouer et cette pratique est due à la négligence des professeurs de la part de l'état. Car, sous d'autres cieux, un professeur est mieux considéré mais au Congo non.

En RDC aucune bourse qui est réservée librement pour les étudiants sinon que Bâna Ya... Tant de qualifié sans emploi, le domaine qui est pris en compte c'est seulement la politique, puisque beaucoup l'armée, la santé, l'éducation, sport et autres sont à 75% négligés.

L'EGLISE FACE AUX JEUNES.

Il est clair que l'église dont je fais allusion est une église majoritaire qui est église catholique.

En RDC, les hôpitaux, les dispensaires, les écoles, les orphelinats sont parmi les œuvres de l'église. Parfois l'église a besoin de construire pour lutter toujours contre le chômage mais les moyens empêchent cette initiative prise. Car, comment une église locale peut-elle s'auto-suffire dans un pays appauvri ? Tous ces efforts qui se déploient à l'église, on se rend toujours compte que d'aucun projet n'est possible sans le concours financier des églises occidentales. A cor et à cris nous disons que l'état congolais a été toujours insouciant encres la jeune et cela peut être un échec bien évidemment du gouvernement.

L'église au moins fait son travail tout en bousculant les dirigeants à mieux démêler la politique, puisque leur manière de faire, de travailler montre déjà combien ils sont sadiques envers son peuple. A l'instar de l'église catholique, nous voyons également les autres églises telles que: protestante, néo-apostolique, kimbanguiste, musulmane, réveille, etc., qui ont pu contribuer au développement de la RDC. Dans toute étendue congolaise, là où il y de communauté de prêtres ou religieuses le milieu au moins est motivé et éveillé. Bref, l'église face au développement de la jeunesse à son apport que personne n'ignore. Combien d'écoles et des églises ou Congo? Combien d'hôpitaux et dispensaires ? Et qui travaille là? Beaucoup sont de congolais et Congolaises.

ATTITUDE DE LA POLITIQUE A L'ÉGARD DES KULUNAS.

Comme nous l'avions signifié, ce phénomène date d'une décennie, s'agissant les jeunes de 18 à 30ans qui massacrent la population au dedans ou en dehors de la maison. Ils pillent, ils tuent, de plus en plus la population ne peut plus se promener autours de 20 à 23h. Ce phénomène est connu partout au monde. La ville de Kinshasa est envahie presque dans toutes les communes par ce phénomène et au niveau des provinces nous remarquons aussi ce phénomène. Les victimes sont toujours les familles pauvres, chose étonnante ce phénomène est praticable qu'aux familles les plus démunies où le manger pose parfois un sérieux problème et celles-ci pour la survie espèrent à ce qu'on qualifie taux du jour.

Que disent les autorités politico-congolaises?

Répondant à cette question, sans doute nous disons que les autorités congolaises en disent rien et elles sont incapables de maîtriser cette affaire étant donné elles-mêmes forment assurément de pareils groupes pour leurs protections. La population ne cesse de jérémiader partout et même dans des différents médias

. La politique congolaise ne vise jamais les intérêts communs mais plutôt personnels. Pour mieux vivre au Congo, il faut une appartenance à la vie politique. Plus encore, la ruse de la politique congolaise c'est de constater le mensonge qui se passe entraver les médias, exemple le kulunas qui massacre 50personnes, et les médias congolais à son tour le réduisent à 20personnes pour dire que tout va bien. Signifions que la charge qui peut revenir aux autorités compétentes c'est de chercher de solutions justes et meilleures pour sa population, ils sont autorités grâce au peuple sans lequel, tous on reste sur le même prix. On peut aisément dire que l'état congolais est toujours dans cet état de nature dont parle Hobbes. Dans la mesure où dans l'état de nature, c'est les désordres, les conflits, les guerres, l'égoïsme qui règnent et aucune sécurité n'est assurée. Quant à la sécurité la police n'assure pas sa tâche, les policiers d'une part sont amis des kulunas et d'autres la police congolaise est constituée des kulunas. Le vrai système pour les jeunes coupables c'est après l'arrestation, ils entrent dans la police et voyez combien nous saurons de résultats néfastes.

visite du Pape FRANCOIS en RDC. A l'aéroport de ndolo.

Les Séminaristes philosophes de Kenge.

Jovdi KAMAKAMA écrivain.

Mes condisciples et membres du cercle de Vienne de Kalonda.

Sources bibliographiques

1 P.REE, De l'origine des sentiments moraux, Paris, P.U.F 1982.

2. J.J Rousseau, Du contrat social, Aubier, Montaigne, 1943.

3. Aristote, Éthique à nicomaque.

4. E. Kant, Anthropologie du point e vue pragmatique, trad. Par M. Foucault, Paris, vrin, 2002.

5. Nietzsche, Humain trop humain. Trad. De A.M Desrousseaux, Paris, librairie générale française, 1995.

6. E.Mensah, l'universalité du concept liberté selon Sartre, Canada, Saskatchewan, 2020.

7.j.p Sartre, l'être et le néant, Paris, Gallimard, 1943.

8.A.Sen , l'idée de justice, Paris , Flammarion, 2012.

9. M. Maret, l'euthanasie, suisse, édition saint Augustin, 2000.

10 L.Lavelle, le mal à la souffrance, Paris, plomb, 1940.

11. F.fanon, peau noire masques blancs, Paris, édition du seuil, 1952.

12.jean Ziegler, le capitalisme expliqué à ma petite fille, Paris , édition du seuil, 2018.

13. H. Arendt, Essai sur la révolution, Paris, Gallimard, 1967.

14. E.kant, métaphysique des mœurs, première partie, doctrine du droit, Paris , vrin, 1979.

15. E.kant, pour la paix perpétuelle, projet philosophique, Lyon, P.U.de Lyon 1985.

Printed by Books on Demand GmbH, Norderstedt / Germany